BEI GRIN MACHT SICH IHR WISSEN BEZAHLT

AF131280

- Wir veröffentlichen Ihre Hausarbeit,
  Bachelor- und Masterarbeit

- Ihr eigenes eBook und Buch -
  weltweit in allen wichtigen Shops

- Verdienen Sie an jedem Verkauf

Jetzt bei www.GRIN.com hochladen und kostenlos publizieren

Mario zur Löwen

Aufbau des Wortgottesdienstes

GRIN Verlag

Bibliografische Information der Deutschen Nationalbibliothek:

Die Deutsche Bibliothek verzeichnet diese Publikation in der Deutschen National-
bibliografie; detaillierte bibliografische Daten sind im Internet über http://dnb.d-
nb.de/ abrufbar.

Impressum:

Copyright © 2005 GRIN Verlag GmbH
Druck und Bindung: Books on Demand GmbH, Norderstedt Germany
ISBN: 978-3-656-06866-2

Dieses Buch bei GRIN:

http://www.grin.com/de/e-book/38842/aufbau-des-wortgottesdienstes

GRIN - Your knowledge has value

Der GRIN Verlag publiziert seit 1998 wissenschaftliche Arbeiten von Studenten, Hochschullehrern und anderen Akademikern als eBook und gedrucktes Buch. Die Verlagswebsite www.grin.com ist die ideale Plattform zur Veröffentlichung von Hausarbeiten, Abschlussarbeiten, wissenschaftlichen Aufsätzen, Dissertationen und Fachbüchern.

Besuchen Sie uns im Internet:

http://www.grin.com/

http://www.facebook.com/grincom

http://www.twitter.com/grin_com

Johann Wolfgang Goethe-Universität Frankfurt am Main
Fachbereich 07: Katholische Theologie
Dogmatik
Seminar: Das Sakrament der Eucharistie
Wintersemester 2004/2005

Hausarbeit

Aufbau

des Wortgottesdienstes

Vorgelegt von:

Mario zur Löwen
7. Fachsemester

2

Inhaltsverzeichnis

1. Einleitung

In der vorliegenden Ausarbeitung meines Referats über den Wortgottesdienst als Teil der heiligen Messe, möchte ich zunächst, anders als im mündlichen Referat geschehen, auf die Reform der Messliturgie nach dem II. Vatikanischen Konzil (1962-1965) eingehen. Diese Reform entwickelte sich in mehreren Schritten und hatte mehrere Leitlinien, die ebenfalls vorgestellt werden sollen.

Im zweiten Teil werde ich dann den Ablauf des Wortgottesdienstes vorstellen, wie er heute in einer sonntäglichen Messe gefeiert wird. Dabei lasse ich jedoch den Eröffnungs- und Begrüßungsteil außen vor, da er nicht zum eigentlichen Wortgottesdienst gehört, sondern von vielen Theologen als eigenständiger Teil, ebenso wie der Sendungsteil am Ende der heiligen Messe, gesehen wird.

Am Ende möchte ich noch einen kurzen Ausblick auf den weiteren Vorgang der heiligen Messe geben, de Eucharistiefeier.

Wichtig bei der schriftlichen Darstellung ist es mir nicht nur auf den bloßen Ablauf einzugehen, sondern auch die konkreten Handlungen des Priesters oder der Laien, sowie die dazugehörigen Gebete zu benennen.

2. Die Messfeier vor dem II. Vatikanischen Konzil

Bereits vor dem II. Vatikanischen Konzil herrschten in der katholischen Kirche Bestrebungen zu einer Reform der Messfeier. Die bis dahin gültige Ordnung der Messfeier gründete auf das im Anschluss an das Konzil von Trient (1545-1563) entwickelte Messbuch „Missale Romanorum" aus dem Jahr 1570.[1] Dieses Messbuch war das erste Messbuch in der katholischen Kirche, das eine einheitliche Liturgie für die ganze katholische Kirche des Abendlandes vorschrieb. Diese Liturgie sah vor, dass sich die Teilnahme des Volkes nur auf das „Hören" und „Sehen" beschränken sollte, der Priester, abgesehen von der Predigt, nur Latein sprechen sollte und mit dem Rücken zum Volk zelebrieren sollte.[2] Dies zeigte, dass dem Volk nur eine passive Rolle während des Gottesdienstes zuteil werden sollte, die über Jahrhunderte anhielt. Es gab zwar in den Jahrhunderten danach kleinere Bestrebungen die Messe für das Volk verständlicher zu machen, in dem es zum Beispiel Gesangbücher für das Volk gab, jedoch blieben diese in ihrer Wirkung erfolglos. Durch die Veröffentlichung einer Übersetzung des römischen Messbuches in die Volkssprache durch den Beuroner Benediktinermönch Anselm Schott im Jahr 1884[3] war es möglich, den Ablauf der Messe besser nachzuvollziehen, da auch zur damaligen Zeit meist nur die gebildeten Akademiker der lateinischen Sprache mächtig waren. Der „Schott" wurde somit bis zur Durchsetzung der jeweiligen Landessprache in den katholischen Messfeiern ein wichtiges Buch für die Gottesdienstbesucher.

Wichtig war damals auch, dass jeder Priester seine eigene Messe täglich las, Konzelebrationen (mehrere Priester zelebrieren gemeinsam eine Messe) waren damals unmöglich. Als Überbleibsel dieser Regelung kann man heute noch in einigen Kirchen wie z.B. im Kölner oder Mainzer Dom viele kleine Nischen mit Altären sehen, die heute keine wichtige Bewandtnis mehr haben.

Insgesamt kann man sagen, dass die heilige Messe vor Reform der Messliturgie ausschließlich priesterzentriert ablief und das Volk eigentlich

---

[1] Vgl. Adam, S. 38.
[2] Vgl. Ebd. S. 39.
[3] Vgl. Ebd. S. 43.

nur Zuschauer war, was jedoch auch sehr wichtig war. Laiendienste waren, abgesehen von den Ministranten, die übrigens nur Buben oder Männer sein durften, nicht möglich.

3. Die Reform der Messliturgie

Wie bereits erwähnt, zeichnete sich schon vor dem Konzil ab, dass eine Reform der Messliturgie von verschiedenen Stellen gewünscht wurde. Während des Konzils nun war die Liturgie ein zentrales Thema, wobei nicht überhastet über eine Änderung gesprochen werden sollte, sondern ein neu zu errichtendes Gremium eine schrittweise Verwirklichung und Anpassung der Messe in Angriff nehmen sollte.

Dazu berief Papst Paul VI. am 29. Februar 1964 das *Consilium ad exsequendam Constitutionem de sacra Liturgia* (ein Vorläufer der späteren Gottesdienstkongregation, die 1969 gegründet wurde) ein, das die Arbeiten koordinieren sollte.[4] Dieses Gremium brachte am 26. September 1964 die ersten Instruktionen heraus, die sich in erster Linie auf die liturgische Rollenverteilung innerhalb der Messe bezog und folgendes beinhaltete:[5]

Die alleinige Zuständigkeit des Priesters wurde abgelöst, die Ermöglichung der Zelebration zum Volk hin gewährt und der Ort des Wortgottesdienstes wurde auf die Sedilie (Priestersitz) und den Ambo (Lesepult) festgelegt. Somit wurde der Altar allein der Eucharistiefeier vorbehalten. Ebenso wurde die Muttersprache der Messe als Gottesdienstsprache zugelassen und die Verpflichtung zur Homilie (Predigt) in den Sonntagsgottesdiensten und an hohen kirchlichen Feiertagen bestimmt.

Am 4. Mai 1967 folgte die zweite Instruktion, die *Tres adhinc annos*.[6] Hier wurde nun gestattet den Kanon laut und in der Volkssprache zu beten, was eine weitere Zurückdrängung des Lateinischen zur Folge hatte.

Am 23. Mai 1968 wurden drei weitere eucharistische Hochgebete für den Gottesdienst zugelassen.

---

[4] Vgl. Bieritz, S. 521.
[5] Vgl. Ebd. S. 521.
[6] Vgl. Ebd. S. 522.

Am 2. März 1969 erschien die neue Grundordnung des Kirchenjahres als wichtige neue Grundlage für das neue Messbuch, das am 26. März 1970 als liturgisches Buch unter folgendem Namen erschien *Missale Romanum ex decreto Sacrosancti Oecumenici Concilii Vaticani II instauratum auctoritate Pauli Pp. VI promulgatum.*[7] Dieses Buch diente als Grundlage für die Arbeit an den Messbüchern in der jeweiligen Volkssprache. Im deutschsprachigen Raum erschien das Messbuch 1975 unter dem Titel: *Die Feier der heiligen Messe. Messbuch. Für die Bistümer des deutschen Sprachgebrauchs. Authentische Ausgabe für den liturgischen Gebrauch.*[8] Es besteht aus zwei Teilen und zwar Teil I, welcher die Sonn- und Feiertage enthält und Teil II, welcher die Texte für alles Tage des Jahres außer der Karwoche enthält.

In der neuen Messordnung kommt dem Volk und den Laien eine aktivere Rolle zu, wie das Vortragen der Lesung oder Hilfe bei der Kommunionausspendung. Der Priester bleibt jedoch der Vorsteher der Gottesdienstfeier, was er auch heute noch ist. Eine Eucharistiefeier ist in der katholischen Kirche ohne einen Priester nicht möglich.

Den Gottesdienstablauf, wie wir ihn heute kennen wurde mit diesen Bestimmungen eingeführt. Unsere heutige Gottesdienstfeier entwickelte sich also in den späten 1960er und den frühen 1970er Jahre. Dies ist vielen jungen Menschen heute nicht mehr bewusst.

4. Der Wortgottesdienst als erster zentraler Teil der heiligen Messe

Wie bereits erwähnt, besteht die heilige Messe aus zwei großen Teile und zwar 1. dem Wortgottesdienst und 2. der Eucharistiefeier. Die Aufwertung des Wortgottesdienstes entstand im Zuge der im vorherigen Kapitel erwähnten Reform der Messliturgie. Es bestehen jedoch unterschiedliche Auffassungen über die genauen Teile des Wortgottesdienstes. Einige Theologen sehen den Beginn des Wortgottesdienstes erst mit dem Beginn der ersten Lesung, andere Theologen sehen den Eröffnungsteil auch als Teil des Wortgottesdienstes. Ich persönlich schließe mich der ersten Meinung, die u.a. auch von Bieritz vertreten wird an. Auch im Gotteslob für

---

[7] Vgl. Ebd. S. 522.
[8] Vl. Ebd. S. 522.

das Bistum Mainz wird der Wortgottesdienst mit dem Beginn der Lesung gesehen.

Die Eröffnung umfasst den Einzug, die Begrüßung der Gemeinde, das Kyrie, das Gloria (nicht in der Advents- und Fastenzeit), sowie das Tagesgebet.

Der Wortgottesdienst ist in seiner Struktur geprägt durch die „Verkündigung des Wortes Gottes, seine gläubige Annahme und die Antwort der Gemeinde in Gesang und Gebet".[9]

Der Wortgottesdienst umfasst die Lesung(en), die dazugehörigen (Zwischen) Gesänge, das Evangelium, die Homilie, das Credo und die Fürbitte. Auf diese Bestandteile möchte ich nun im Einzelnen eingehen:

4.1. Die (erste) Lesung

Mit der (ersten) Lesung beginnt der eigentliche Wortgottesdienst. In einem sonntäglichen Gottesdienst sind in der Regel zwei Lesungen vorgesehen und zwar eine alttestamentliche Lesung aus den Prophetenbüchern und eine neutestamentliche Lesung aus dem Briefgut oder der Apostelgeschichte. Oftmals wird in den Gottesdiensten jedoch nur eine Lesung vorgetragen, was auch „pastoralen Gründen" möglich ist.[10] An werktäglichen Messen wird nur eine Lesung vorgetragen. Für die Lesung bzw. auch das Evangelium wurden im Zuge der Liturgiereform die drei Lesejahre A, B und C eingeführt, auf die ich im Unterkapitel Evangelium noch genauer eingehen werde.

Die Lesung wird von einem Lektor am Ambo vorgetragen und die Gemeinde hört sitzend zu.[11]

Begonnen wird sie vom Lektor mit den Worten: *Lesung aus dem Buch/Brief...* (hier folgt Nennung des Prophetenbuchs oder Briefs). Danach wird der Text vorgetragen. Am Ende sagt der Lektor: *Wort des lebendigen Gottes* und die Gemeinde antwortet: *Dank sei Gott dem Herrn.*

---

[9] Vgl. Bieritz, S. 528.
[10] Vgl. Ebd. S. 530.
[11] Vgl. GI S. 373.

4.2. Der (erste) Zwischengesang

Nach dem Vortrag der (ersten) Lesung folgt der (erste) Zwischengesang. Dies ist meist ein Antwortpsalm, der sofern vorhanden von einem Kantor (Vorsänger) oder dem Priester vorgesungen wird. Die Gemeinde übernimmt dabei den Kehrvers. Dieser Antwortpsalm hat seinen Ursprung in den Psalmen (geistlichen Liedern) des Alten Testaments. Der Zwischengesang soll die Verkündigung der Lesung weiterführen und vertiefen. Wenn im Gottesdienst nur eine Lesung vorgetragen wird, wird der Psalm zumeist zugunsten der Halleluja-Rufe weggelassen, die in der Regel erst nach der zweiten Lesung gesungen werden.

4.3. Die (zweite) Lesung

Auch die zweite Lesung wird wiederum durch einen Lektor vom Ambo aus vorgetragen. Diese Lesung wird genauso begonnen und abgeschlossen wie die erste Lesung. Der Inhalt ist jedoch nicht aus dem Alten Testament, sondern Briefgut oder aus der Apostelgeschichte. Auf jedenfall ist es ein Text aus dem Neuen Testament.

4.4. Der (zweite) Zwischengesang

Als zweiter Zwischengesang folgt der Halleluja-Ruf, der in der Regel ebenfalls von einem Kantor oder dem Priester angestimmt wird. Interessant ist die Formulierung im Gotteslob, „das der Halleluja-Ruf entfallen kann, wenn er nicht gesungen werden kann".[12] Es folgt keine nähere Erläuterung dazu, wann dies der Fall ist.

4.5. Das Evangelium

Das Evangelium ist der Höhepunkt der Verkündigung und somit auch der eigentliche Höhepunkt des Wortgottesdienstes. Hier wird nun die Frohe Botschaft von Jesus Christus vorgelesen. Das Evangelium wird vom

---

[12] Vgl Gl. S. 375.

Diakon oder sollte kein Diakon die Messe mitfeiern vom Priester selbst vorgetragen. Dazu zieht der Diakon oder Priester von der Sedilie in Begleitung der Leuchterträger und eventuell Rauchfassministranten zum Ambo. Auf dem Weg dorthin verneigt sich der Diakon oder der Priester vor dem Altar und spricht leise die Worte: *Heiliger Gott, reinige mein Herz und meine Lippen, damit ich dein Evangelium würdig verkünde.*[13] Am Ambo angekommen spricht der Vortragende die Worte: *Der Herr sei mit euch* Die Gemeinde, die nun aufgestanden ist antwortet: *Und mit deinem Geiste.* Der Diakon oder Priester sagt nun: *Aus dem heiligen Evangelium nach...*(Name des Evangelisten).[14]

Wie bereits erwähnt, gibt es seit der Reform der Messliturgie einen Lesezyklus A, B und C. Das bedeutet, dass sich alle Texte nach drei Jahren wiederholen. Nach diesem Lesejahr richten sich dann sowohl die Texte der Lesung als auch des Evangeliums. Die Texte von Lesung und Evangelium sind thematisch zueinander passend. Das Lesejahr A beinhaltet schwerpunktmäßig das Evangelium nach Matthäus, das Lesejahr B das Evangelium nach Markus und das Lesejahr C das Evangelium nach Lukas, also die synoptischen Evangelien. Das Evangelium nach Johannes ist dem österlichen Festkreis vorbehalten.[15] Somit ist grundsätzlich vorbestimmt wann welcher Text zu lesen ist.

4.6. Die Homilie (Predigt)

Auf das Evangelium folgt die Homilie. Sie wird vom Priester gehalten und kann verschiedene Themenschwerpunkte behandeln. Entweder legt der Priester einen Text der Lesungen oder des Evangeliums aus und bezieht ihn eventuell auf die heutige Zeit. Er kann aber auch über ein aktuelles Thema predigen. Der Priester soll dabei auf die Bedürfnisse der Gemeinde eingehen. Die Predigt war in vorkonziliarer Zeit der einzige Bestandteil der Messe, der in der jeweiligen Landesprache gehalten werden konnte. Heute ist die Predigt grundsätzlich in allen Sonntagsmessen und an hohen kirchlichen Feiertagen vorgeschrieben,

---

[13] Vgl. Ebd. S. 375.
[14] Vgl. Ebd. S. 375-376.
[15] Vgl. Bieritz, S. 524.

ansonsten ausdrücklich empfohlen.[16] Während der Predigt sitzt die Gemeinde und der Priester trägt seine Worte vom Ambo aus vor. Manche Priester halten die Predigt frei, andere wiederum verwenden ein vorbereitetes Manuskript.

4.7. Das Credo (Glaubensbekenntnis)

Im weiteren Ablauf der Messe folgt in einem Sonntagsgottesdienst das Glaubensbekenntnis. Dazu steht die Gemeinde auf. Das Credo kann sowohl gesungen als auch gesprochen werden. In der Regel wird hierbei das apostolische Glaubensbekenntnis gesprochen, das auch am weitesten verbreitet ist und den höchsten Bekanntheitsgrad genießt. Manchmal wird jedoch auch das große Glaubensbekenntnis gesprochen.

4.8. Die Fürbitten (Allgemeines Gebet)

Die Fürbitten sind als „allgemeines Gebet der Gläubigen" bekannt.[17] Sie umfassen die Anliegen der Weltkirche und der Ortsgemeinde, die Regierenden, die Notleidenden alle Menschen und das Heil der ganzen Welt. Die Fürbitten werden vom Priester eingeleitet und abgeschlossen. Die einzelnen Gebetsanliegen können vom Diakon, Lektor oder auch anderen Gemeindemitgliedern vorgetragen werden. Jede einzelne Bitte wird durch das *Christus erhöre uns* von der Gemeinde bestätigt. Die Fürbitten werden von Bieritz als „kultureller Höhepunkt des Wortgottesdienstes" betrachtet.[18]

Insgesamt gibt es beim Wortgottesdienst also Bestandteile, die nicht vom Priester durchgeführt werden. Es gibt auch größere Freiheiten bei der Wahl der Anzahl der Lesungen. Dies zeigt, dass die Verantwortlichkeit der Gemeinde gestärkt wurde und nicht überall eine vollkommen gleiche Messfeier abgehalten werden muss.

---

[16] Vgl. Gl. S. 377.
[17] Vgl. Gl. S. 378.
[18] Vgl. Bieritz, S. 532.

5. Ausblick auf die Eucharistiefeier als zweiter Teil der Messe

Nach dem Ende der Fürbitten beginnt der zweite Teil der Messe, die Eucharistiefeier. Sie ist auch heute noch der wichtigere Teil der Messe. Ihr steht der Priester vor und der zentrale Punkt der Eucharistiefeier innerhalb des Kirchengebäudes ist der Altar.

Die Eucharistiefeier beginnt mit der Gabenbereitung, zu der der Gesang zur Gabenbereitung, das Bringen der Gaben zum Altar, das Zurüsten des Altars, die Begleitgebete zur Gabenbereitung, die Händewaschung des Priesters, die Einladung zum Gabengebet und das eigentliche Gabengebet gehören.

Die eigentliche Wandlung wird durch das Sanctus eingeleitet, woraufhin sich das eucharistische Hochgebet anschließt. Das Messbuch von 1970 sieht insgesamt vier verschiedene Hochgebete vor. Es ist jedoch immer nur eines zu verwenden. Beim Sprechen des eucharistischen Hochgebetes durch den Priester findet die eigentliche Wandlung statt. Die dargebrachten Gaben Brot und Wein werden zu Leib und Blut Christi. Die Hostien werden also konsekriert.

Zum Teil der Kommunion gehören das Beten des Vaterunser, das Friedensgebet und der Friedengruß. Die Brechung des Brotes, das Agnus Die, das stille Gebet vor d er Kommunion, die Einladung des Priesters zur Kommunion und der Kommuniongang der Gemeinde. Abgeschlossen wird der Teil der Kommunion durch das Danklied und das Dankgebet.

Bei der Entlassung wird, wie bei der Eröffnung als Teil des Wortgottesdienstes, darum gerungen, ob der Entlassungsteil Teil der Eucharistiefeier ist. Aber auch hier denke ich, dass der Entlassungsteil nicht zur Eucharistie gezählt werden sollte.

Ich denke, man kann in der Messe von zwei großen Teilen dem Wortgottesdienst und der Eucharistie sprechen und von den beiden kleineren Teilen Eröffnung und Entlassung.

6. Literaturverzeichnis

Adam, Adolf, Grundriß Liturgie, Freiburg 1985.

Bieritz, Karl-Heinrich, Liturgik, Berlin, New York 2004.

Diözese Mainz (Hrsg.) Gotteslob. Katholisches Gebet- und Gesangbuch für das Bistum Mainz, Mainz 11. Aufl. 1990.